Polly y el Dia de Nacimiento

Lady Thistle, the Horse
BOOK ONE

D.H. ANDERSON

Ilustrado por STEVEN LESTER Traducido por CLAUDIA CASO GROSS

Polly y el Dia de Nacimiento

Paperback ISBN 978-1-960007-01-8
HardBack ISBN 978-1-960007-02-5
eBOOK ISBN 978-1-960007-03-2

Published by
Little Blessing Books
an imprint of
Orison Publishers, Inc.
PO Box 188, Grantham, PA 17027
www.OrisonPublishers.com

Acknowledgments

Contributing Artist: A. Newman
Contributing Veterinarian: Apryle Horbal, VMD

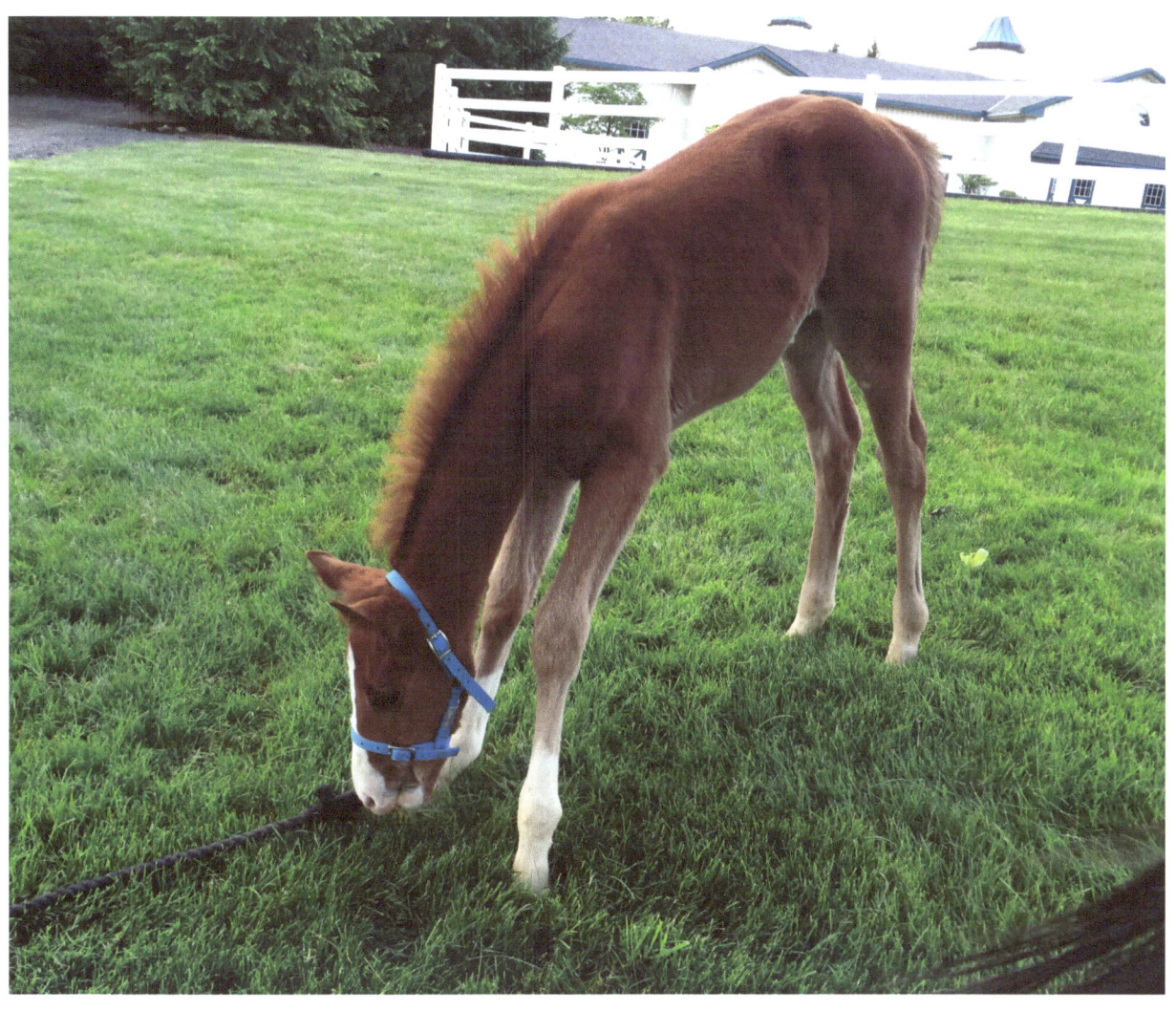

Introduciendo a la Dama Thistle

Un caballo joven, cuyo espíritu vivaz inspiró la escritura de su historia de la vida real. A través de su personalidad distinta y su talento para conectarse con su familia y amigos, proporcionó los componentes emocionales e ilustrativos de esta serie de libros.

La Granja Waterdam es un lugar muy tranquilo del campo con caballos muy contentos, un perro juguetón, gatos muy curiosos y labriegos que ayudan a la familia a criar y cuidar a los caballos.

Pero pronto, algo muy
emocionante va a pasar...

¡Y lo va a cambiar a la granja
para siempre!

Todos están Esperando y mirando:
Los caballos,
Los animales de La granja,
y La familia.

Porque…..
     Solo unos meses pasados, Polly ha llegado a La granja!

Polly es un caballo de carreras ganador.

Después de unos años de trabajo y carreras, los dueños de Polly decidieron que ya era hora de que ella se retirara a la granja Waterdam para ser MAMÁ!

Polly llegó una noche fresca en febrero, y cuando salió del remolque, se dio cuenta de que estaba en un lugar nuevo y muy emocionante.

Escuchó relinchos del granero. Ella vio los pastos hermosos, verdes y acogedores.

Se veía diferente a los otros caballos. Ella era muy redonda y un poco lenta porque había un pequeño potro creciendo dentro de ella preparándose para nacer.

Los labriegos habían preparado un establo para ella. La alinearon con ropa de cama suave y heno fresco, y colgaron cubos de agua de la pared.

Apryle llevó a Polly al acogedor granero rojo y le dio golosinas para calmar sus nervios. ¡Pero Apryle rápido se dio cuenta de que a Polly solamente le gustaban las manzanas!

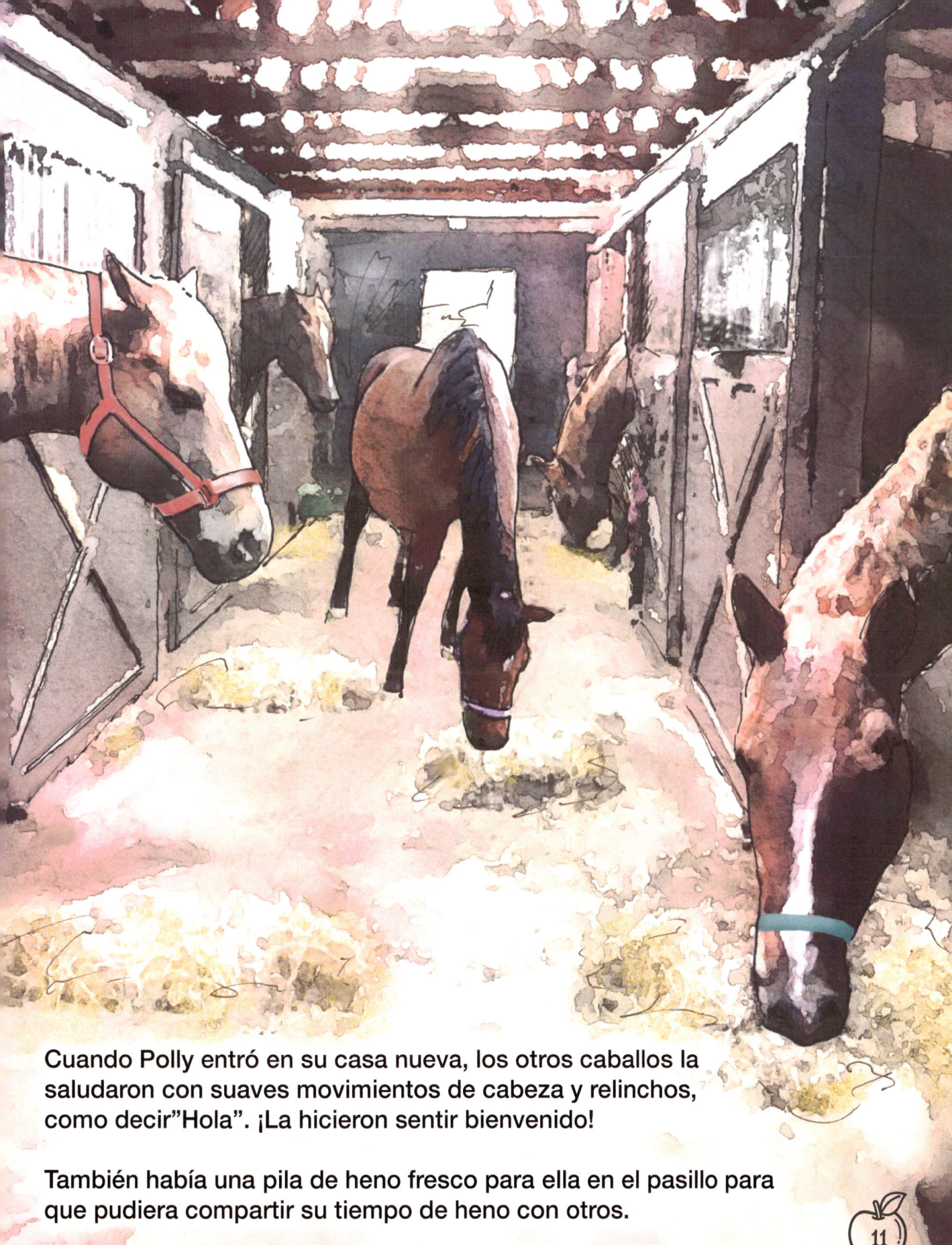

Cuando Polly entró en su casa nueva, los otros caballos la saludaron con suaves movimientos de cabeza y relinchos, como decir"Hola". ¡La hicieron sentir bienvenido!

También había una pila de heno fresco para ella en el pasillo para que pudiera compartir su tiempo de heno con otros.

Desde entonces, Polly ha hecho muchas
amigas en su nueva casa:

Yanik

Light

Mister

Salem

Freeway

Pan

Daphne

Wynter
(winter)

Y Apryle.

¡Todos la conocen
y la aman
MUCHO!

15

Polly se instala fácilmente en su nuevo hogar. Ella sale al campo cada mañana con su nueva mejor amiga, Daphne.

Cuando se acercan al pasto, se les hace agua en la boca - apenas pueden esperar para probar la hierba dulce, verde y primaveral.

A menudo, Polly se acuesta en el pasto suave. Necesita descansar para estar lista para dar a luz a su potro.

Al final del día, los otros caballos caminan emocionados de regreso al granero para comer su grano de la tarde. ¡Les encanta comer su grano!

Pero Polly regresa lentamente por la noche porque está muy cansada.

¡Polly está sorprendida y feliz de saber que Apryle, una de sus nuevos miembros de familia, también es su veterinaria!

Dra. Apryle revisa a Polly y al potro por nacer todos los días. Escucha los latidos del corazón del bebé. Ella es gentil y su voz es tranquilizadora.

Dra. Apryle puede hacer el examen diario muy fácilmente porque Polly es una buena paciente. Ella parece saber que la Doctora Apryl quiere ayudarla.

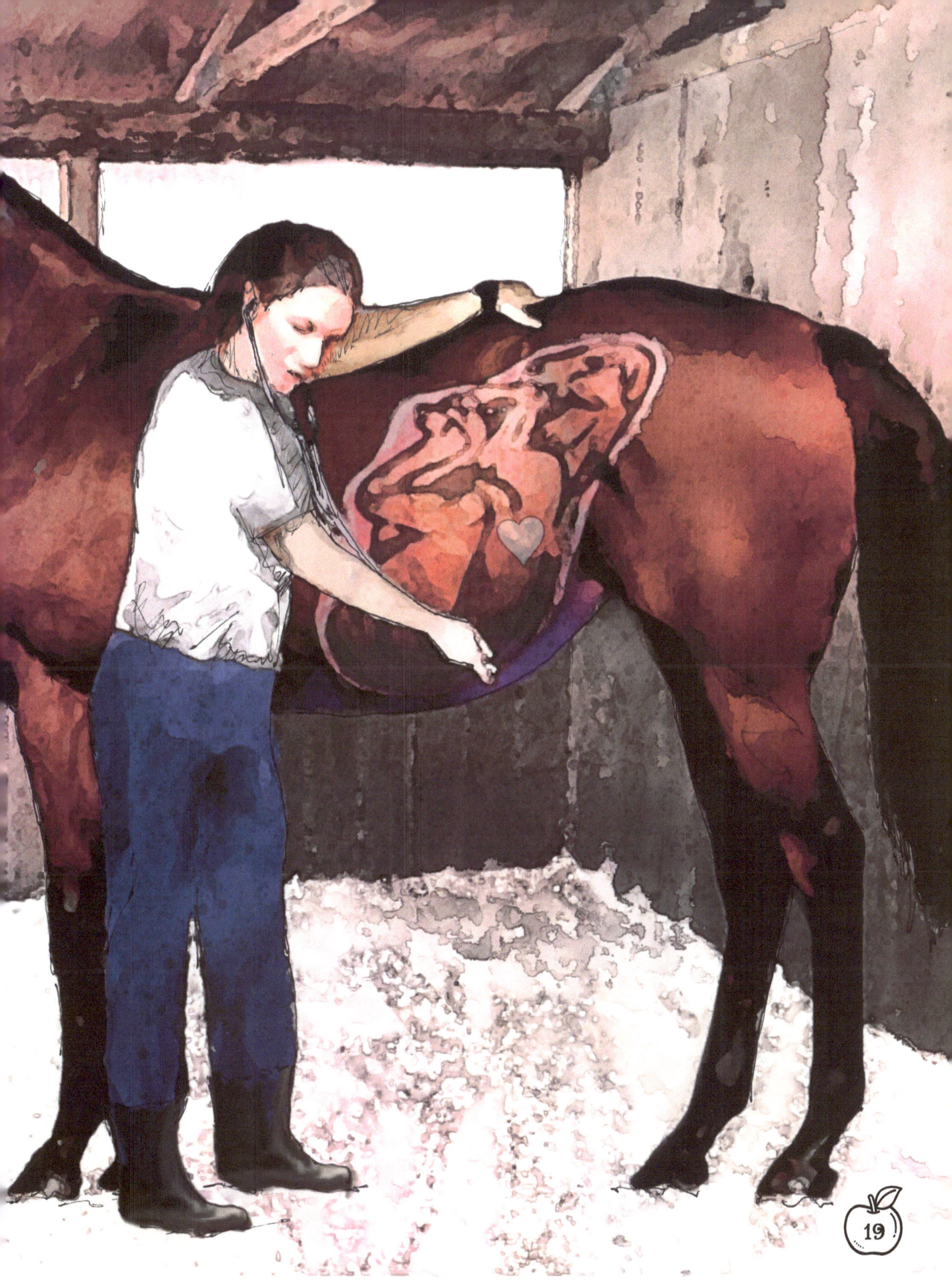

La Doctora Apryle les dice a todos que cuando llegue el momento, Polly se acostará en su establo. La familia instala una cámara de video en el puesto de Polly para vigilarla. Por la noche, la familia y Dra. Apryle miran la transmisión en vivo de las cámaras en su teléfono para cualquier señal de que Polly está lista para dar a luz.

Apryl está tan emocionada. ¡No puede dejar su teléfono!

Noche tras noche, nada pasa...
Pero los caballos nunca se olvidan de comer su heno!

21

Una noche de mediados de abril, hay una brisa fresca de primavera.
El cielo está especialmente despejado. Está lleno de estrellas brillantes
y una luna llena brillante.

Algo especial está en el aire...

¡En esta noche, la cámara muestra que Polly finalmente se ha acostado en su establo! La familia corre a su lado y llama a la Dra. Apryle que está en camino.

Los otros caballos relinchan y sortean gentilmente a Polly mientras esperan ansiosamente. Todos esperan que mamá y bebé la pasen bien.

La Dra. Apryle llega y mira a Polly. Ella dice que Polly y su potro están bien. Ella dice que los animales naturalmente saben dar a luz y todos deberían dejar que Polly haga lo que sabe hacer.

¡Momentos después, un nuevo caballo bebé llega al mundo!

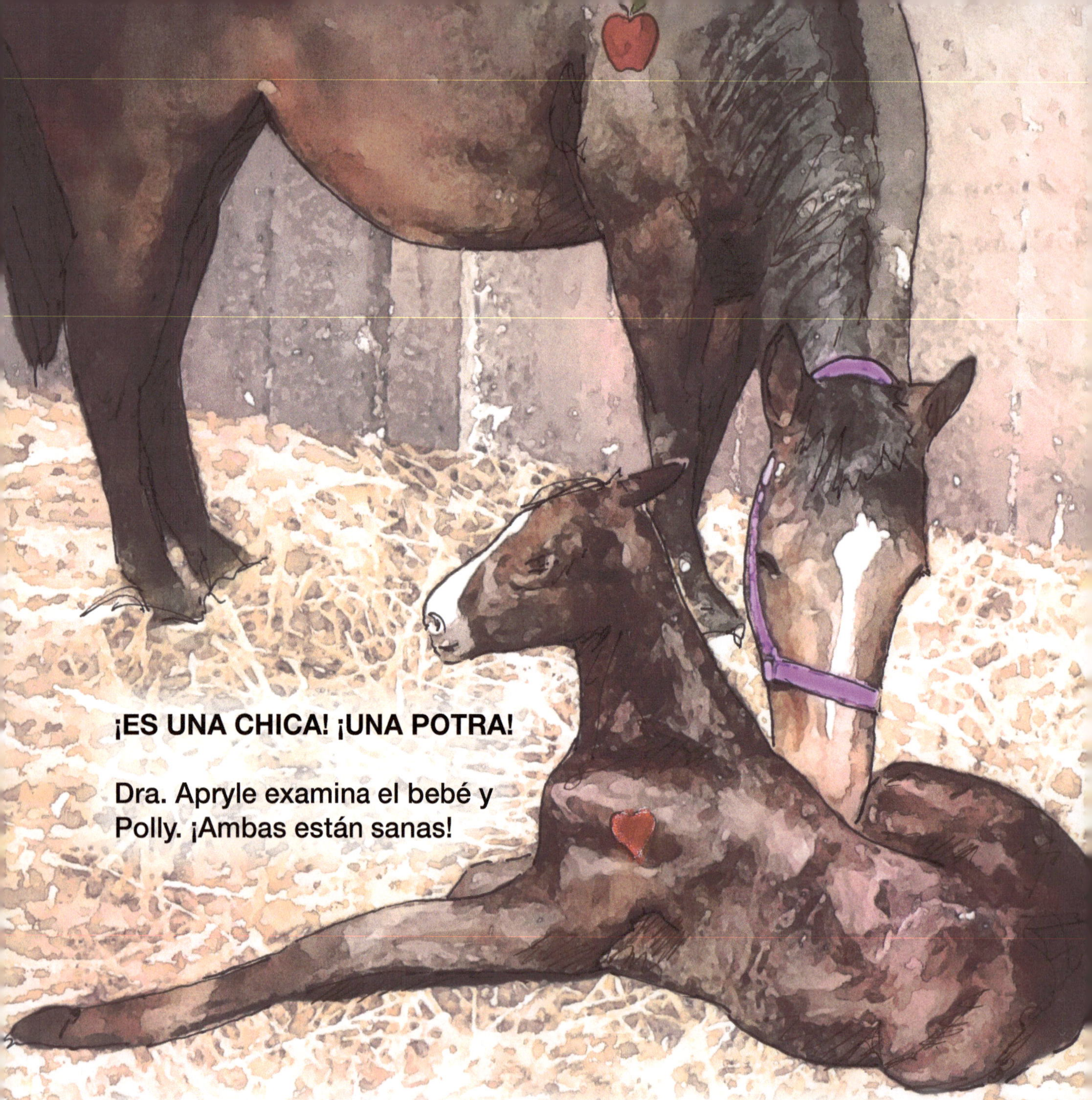

¡ES UNA CHICA! ¡UNA POTRA!

Dra. Apryle examina el bebé y
Polly. ¡Ambas están sanas!

¡Que noche tan emocionante en el granero de la granja Waterdam!
¡Polly es una MAMÁ!

Polly mira amorosamente a su nueva bebé. Los otros caballos están
curiosos para ver el bebé. Estiran el cuello para echar un vistazo, pero
esto tendrá que esperar, porque las paredes del establo de Polly ocultan
a la potra de la vista. Entonces, vuelven a comer el heno.

La familia decide que su nombre será "La Dama Thistle". Dama parece apropiado porque el nombre de su padre comienza con Señor. Y "Thistle" porque este recién nacido enseguida parece animosa- ella ya está tratando de describir el mundo que la rodea.

¿Se convertirá en un caballo de carreras ganador como su madre? O ¿Un caballo de exhibición como su padre? ¿Qué tiene su futuro?

Lady Thistle

Ahora, la Dama Thistle es parte de la granja Waterdam, ¡Dónde la aventura la espera!

¿Sabías...?

El cardo (the thistle) es la flor nacional de Escocia, y la Dra. Apryle estudió cirugía en caballos en Escocia justo antes de que naciera Lady Thistle.

Lady Thistle es un caballo pura sangre. Caballos de pura sangre se crían para la velocidad y la gracia y frecuentemente se usan en carreras, equitación, saltos y eventos completos (una competencia de montar a caballo a través de muchos tipos de terreno). ¡Pero también se pueden usar para otros trabajos!

Su padre es Lord Shanakill, y él es de Irlanda.
Su madre es Precocious Polly, de los Estados Unidos.

El término científico que se usa para los caballos y animales relacionados (como burros, mulas y cebras) es *équido* o *equino*.

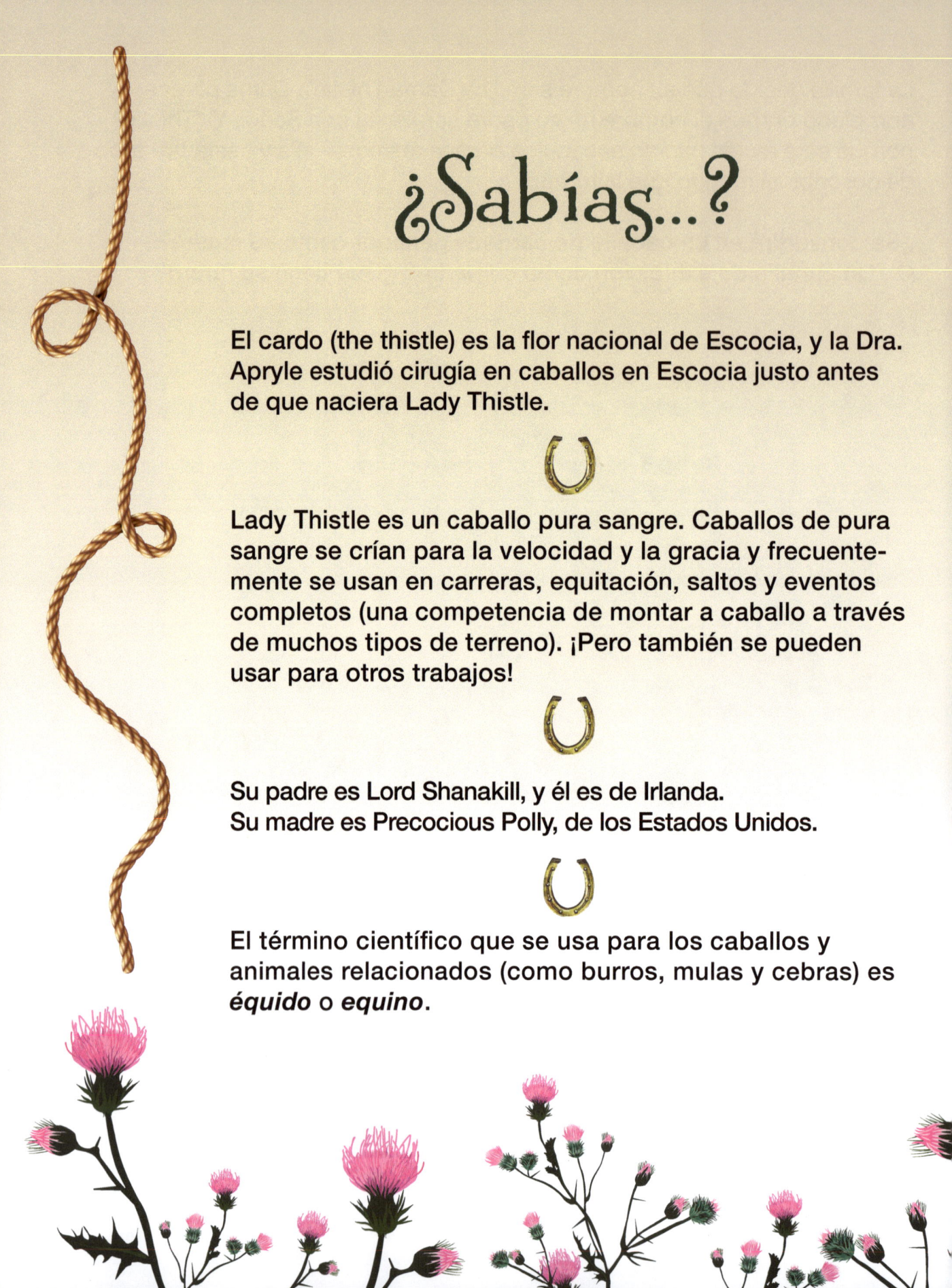

Los caballos se desarrollan en el *útero* de su madre (parte del abdomen) durante unos once meses. Pero a veces un potro puede tardar mucho más en desarrollarse (estar listo para nacer), incluso más de un año.

Cuando el potro está listo para nacer, la madre puede decidir cuándo y dónde dar a luz. También puede hacer una pausa cuando da a luz para asegurarse de que sus alrededores sean tranquilos y calmados y que haya pocas personas alrededor.

Los cuidadores humanos deben vigilar de cerca a sus caballos para asegurarse de que puedan ayudar si surgen problemas cuando el potro está naciendo.

Sabrá que un potro está a punto de nacer cuando aparezca leche en la ubre de la madre y se forme leche seca (cera) en el exterior de la ubre. Esto significa que el potro podrá comer tan pronto como nazca.

Un veterinario debe revisar a la madre una o dos semanas antes de la espera del potro para asegurarse de que esté posicionado para salir de cabeza. Si se da la vuelta, un veterinario o un ayudante debe estar disponible, ya que el potro puede necesitar ayuda cuando comience el parto. Potros generalmente bucear fuera de la madre, con las patas delanteras y la cabeza primero, en el saco que los protegía y les proporcionaba nutrientes y oxígeno cuando estaban dentro de la madre. El saco generalmente se abre solo, y el cordón umbilical que conecta al potro con la madre también se rompe solo.

Una parte especial llamada *placenta*, que ayuda a nutrir al potro por nacer, también pasa justo después de que nace el potro. Un cuidador debe verificar que haya salido toda la placenta; si no, el veterinario debe tratar a la madre inmediatamente.

Los caballos son animales de presa, lo que significa que, en la naturaleza, otros animales los cazan. Por eso, los caballos se han desarrollado para dar a luz muy rápido, generalmente en una hora o menos. Los potros se paran a la hora de nacer y pueden caminar y correr durante su primer día. La naturaleza permitió que estos rasgos se desarrollaran para que los caballos puedan escapar de los *depredadores* cuando viven en la naturaleza.

Un veterinario o un cuidador con experiencia debe estar disponible para ayudar si el parto demora más de una hora en nuestros caballos *domesticados* (compañeros).

¡Muy Pronto!

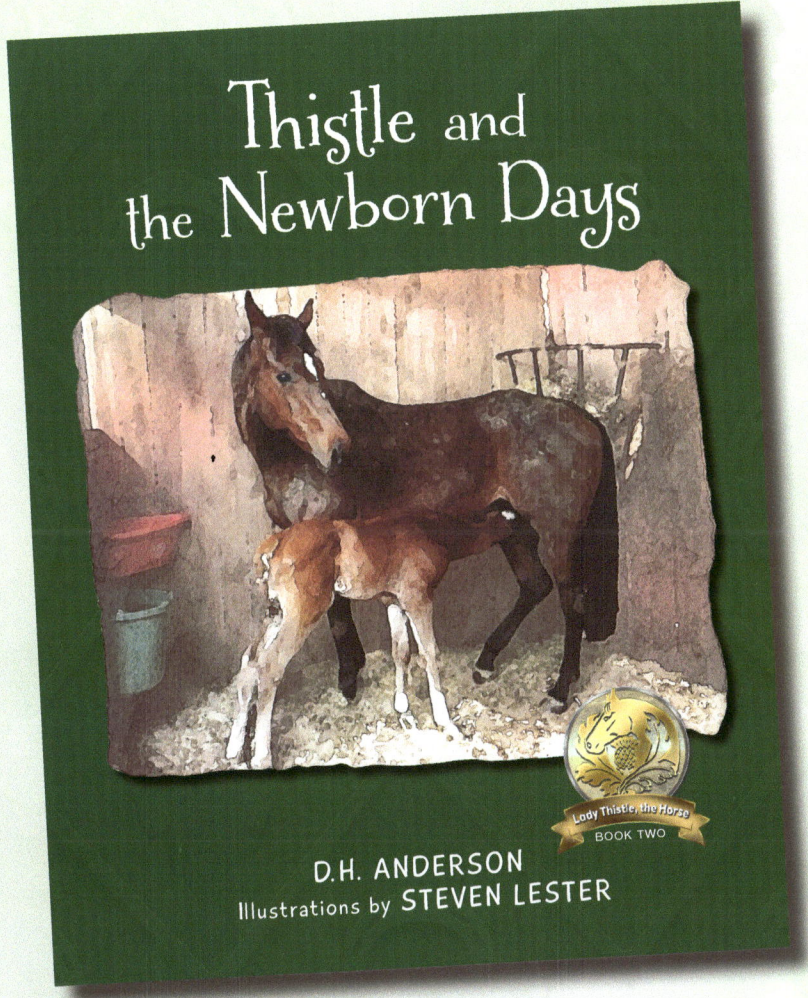

Thistle and the Newborn Days

D.H. ANDERSON

Illustrations by STEVEN LESTER

Lady Thistle, the Horse
BOOK TWO

Esté atento

al

próximo libro

de la

serie

SCAN ME

Lea más historias a medida que el joven Thistle crece.

www.ingramcontent.com/pod-product-compliance
Lightning Source LLC
Chambersburg PA
CBHW041607120626
46551CB00002B/338